...und morgen sieht die Welt ganz anders aus

NOAHS BAUMHAUS

Eine Geschichte von Charlee Florenz mit
Illustrationen von Eva Marie Zerner

„Das war die coolste Geburtstagsfeier, auf der ich je war!", Noah kann gar nicht aufhören zu schwärmen.

„Papa, da waren überall Ballons und eine riesige Hüpfburg und eine Torte, die war fast so groß wie ich!" Papa muss schmunzeln.

„Da haben sich Theos Eltern ja richtig ins Zeug gelegt, was?"
„…und einen Pool haben die auch und ein extra Zimmer nur für Theos Spielzeug. Ich wäre so gern noch länger geblieben…"
„Ja Noah, aber es ist ja auch schon spät und Mama wartet zu Hause auf uns und freut sich auch auf deine spannenden Geschichten."
„Jaaa, ich weiß", antwortet Noah etwas ernüchtert.

Zu Hause angekommen springt Noah seiner Mutter in die Arme.
„Mama, Mama! Bei Theo war es so toll!"

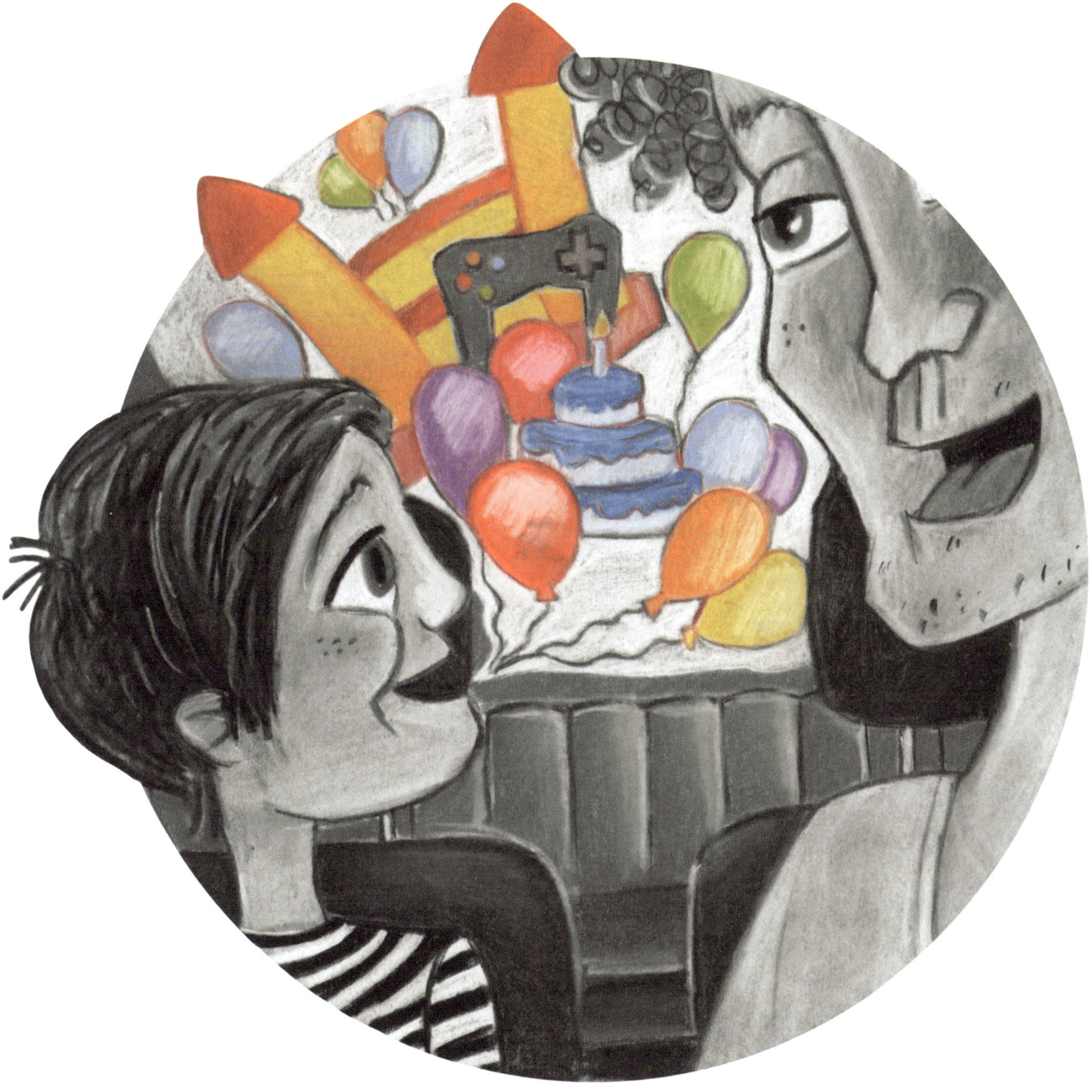

„Er hat echt viele Geschenke bekommen, sogar eine ganz neue Spielkonsole. So eine möchte ich auch haben, unbedingt!"

Noah setzt einen herzzerreißenden Hundeblick auf und lächelt seine Mama erwartungsvoll an.

„Ach Häschen, ich freue mich ja, dass du so einen schönen Tag hattest, aber so ein Gerät ist sehr teuer und du hast doch schon so viel schönes Spielzeug. Außerdem kannst du Theo ja ganz bald wieder besuchen…"

„Och bitte Mama, bitte, bitte, bitte!" Noah zieht bettelnd an Mamas Bluse.

„Noah, du hast deine Mutter gehört, das geht gerade einfach nicht. Aber erinnerst du dich noch an unseren Plan, in der alten Eiche im Garten ein Baumhaus zu bauen? Ich habe schon jede Menge Holz gesammelt."

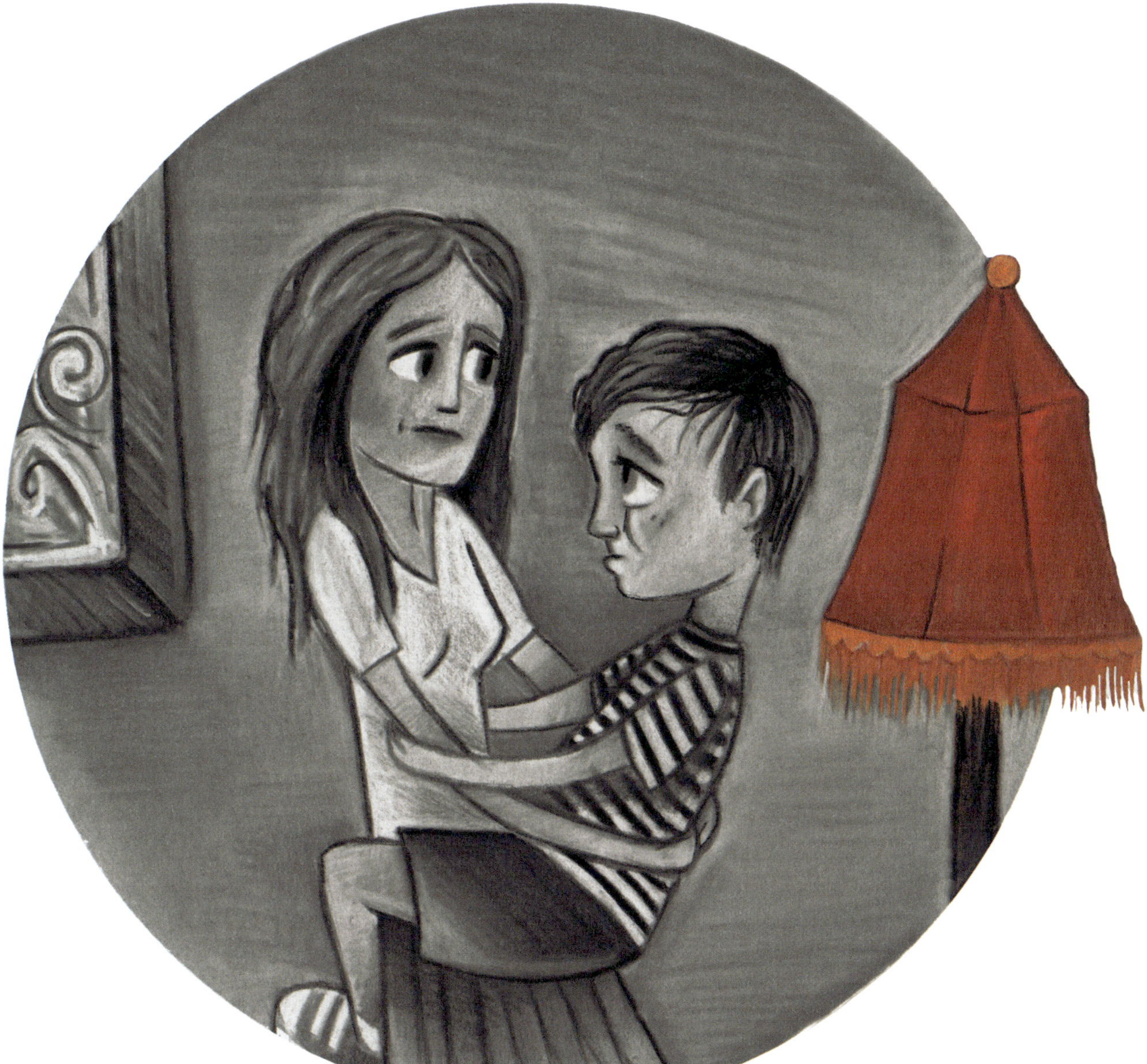

„Was hältst du davon, wenn wir gleich morgen anfangen?"
„Ich will kein blödes Baumhaus, ich will eine Spielkonsole!!!", kontert Noah bockig. „Jetzt ist aber Schluss, keine Diskussionen mehr!", schimpft Papa. „Och manno, wieso kann ich nicht auch so coole Eltern haben wie Theo?", erwidert Noah wütend, rennt in sein Zimmer und knallt die Tür zu.
Als Papa hinterhergehen will, hält ihn Mama sanft am Arm fest: „Lass ihn einen Moment in Ruhe. Das bringt doch jetzt nichts. Er muss erst einmal ausbocken." Papa nickt enttäuscht.

Nach einer Weile schaut er leise nach, ob sich Noah wieder beruhigt hat. Doch sein Sohn ist längst eingeschlafen und sieht dabei so friedlich aus, als hätte es nie einen Streit gegeben. Vorsichtig deckt er ihn zu, gibt ihm einen Kuss auf die Stirn und verlässt den Raum.

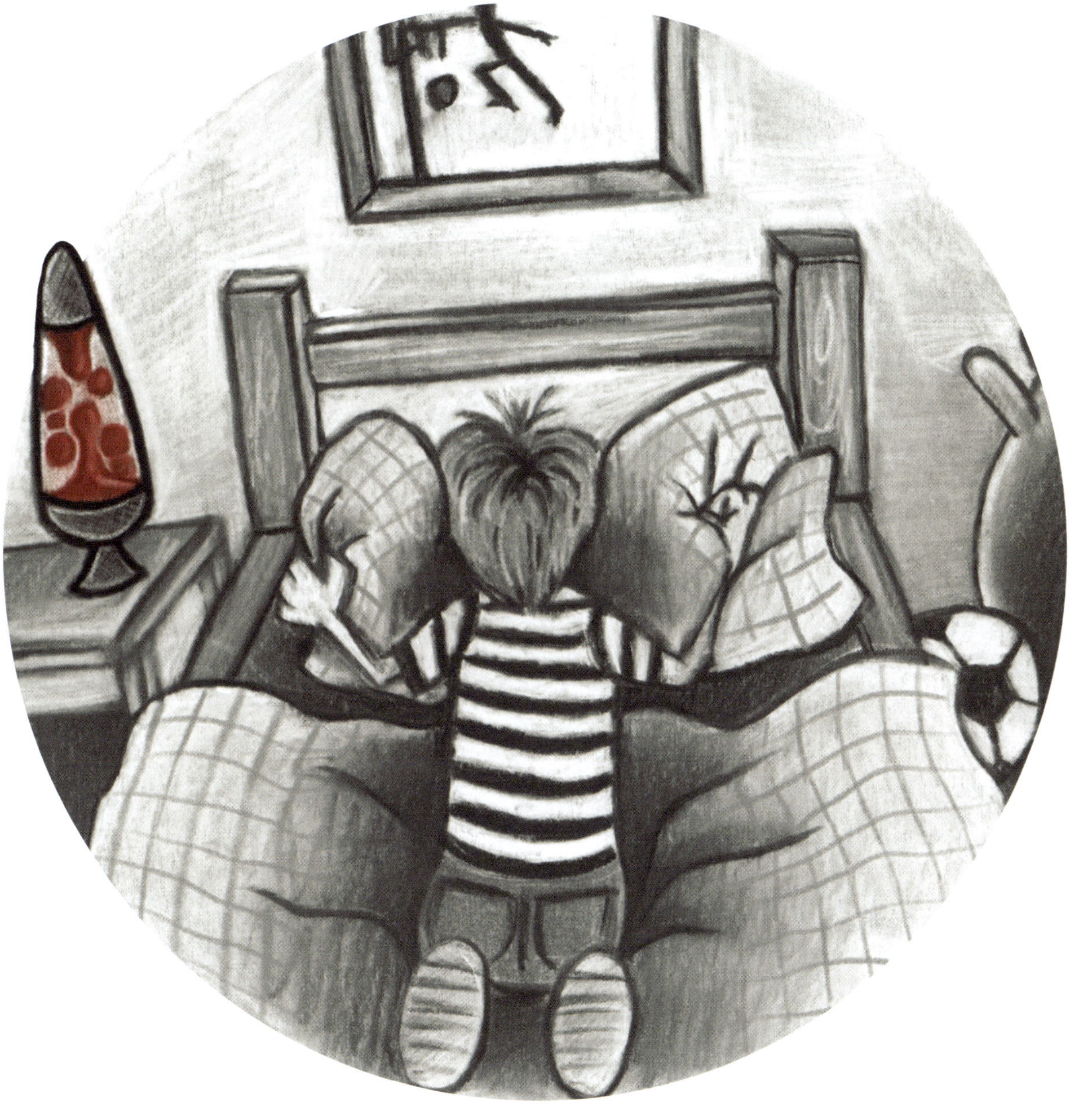

„Noah? Hey, du bist zurück!", der kleine Fuchs springt freudig auf Noah zu, um ihn wie gewohnt in seiner Traumwelt zu begrüßen.

„Aber du siehst ja so traurig aus. Was ist denn los?", schaut er Noah besorgt an. „Ist doch egal, ich will jetzt nicht darüber reden."
Noahs Gesichtsausdruck lässt schon wieder einen kleinen Bock erkennen.

„Da weiß ich was!", antwortet der Fuchs gut gelaunt. „Wir besuchen den Bauernhof, da ist immer was los. Das wird dich ablenken!"
Noah zuckt unbeteiligt mit den Schultern und folgt dem kleinen Fuchs einen gepflasterten Weg entlang, welcher sich durch eine hügelige, saftig grüne Landschaft schlängelt.

Nach kurzer Zeit stehen beide vor einem alten Tor aus rotem Backstein.

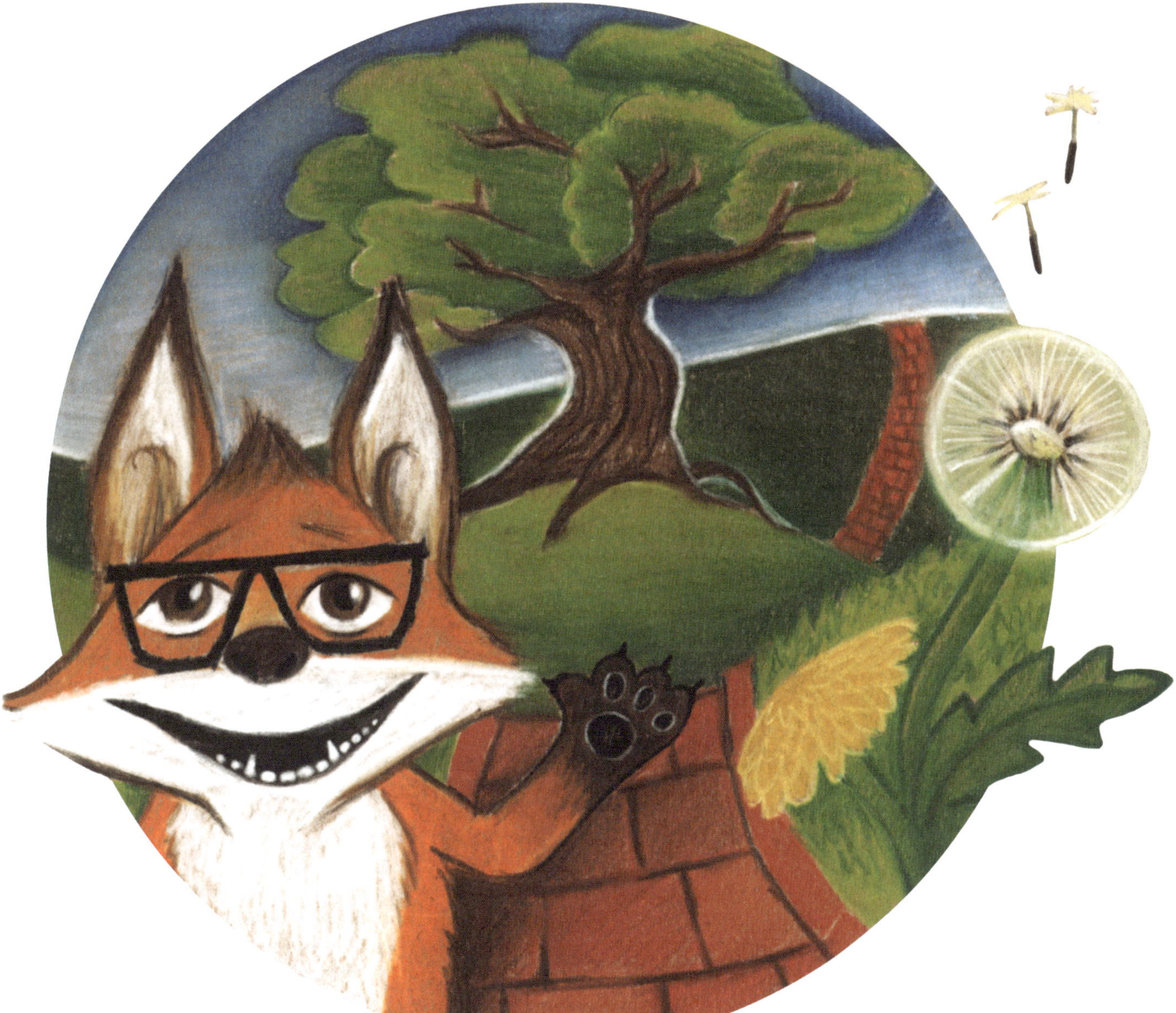

Dahinter erstreckt sich ein riesiges Gehöft. Noah folgt dem kleinen Fuchs bis zu einer großen Scheune.

Vor der Scheune spielen fünf kleine Ferkel im Schlamm und beschallen dabei den gesamten Hof mit ihrem lauten Lachen. Auf dem angrenzenden Feld sieht Noah noch viele andere Tiere: Pferde, Kühe, ein paar Hunde und drei große Schweine, die faul in der Sonne liegen.

Um Noahs Füße flitzen auf einmal viele kleine Küken, die sich gegenseitig zu jagen scheinen. Als Noah ausweichen will und einen großen Schritt zurück macht, übersieht er einen Hahn, der direkt hinter ihm steht.
Er stolpert und landet mit dem Po mitten im Matsch bei den Ferkeln.
Noah schaut zuerst erschrocken, lacht dann aber lauthals los.

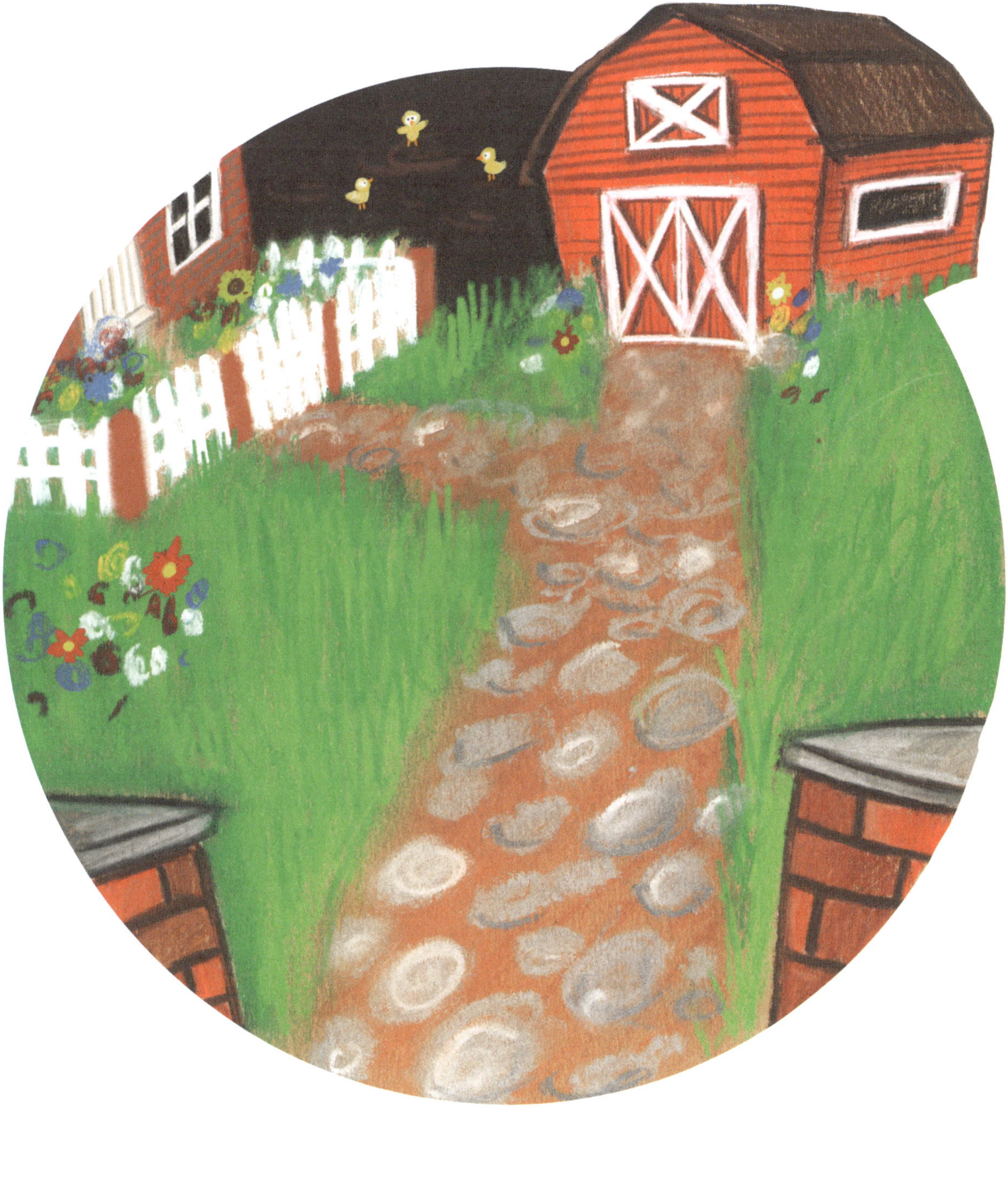

„Mein Kind, was machst du hier bei den Schweinen?", François, der französische Perserkater des Bauern mustert Noah kritisch.

„Du bist ja ganz dreckig! Nun komm erst einmal herein, ich zeige dir, wo du dich säubern kannst."

Im Haus angekommen, staunt Noah nicht schlecht. So hatte er sich ein Bauernhaus wirklich nicht vorgestellt. Vorsichtig läuft er über den roten Samtteppich durch den Flur. Alle Möbel sind mit Gold verziert und auf den Kissen steht in goldener Schrift eingestickt: François le Grand.

„Was das wohl bedeutet!?", denkt sich Noah.

„Hier ist das Bad, bitte tritt ein." Der Kater verschwindet in ein anderes Zimmer. Noah wäscht sich den Schlamm von den Armen und aus dem Gesicht und macht sich dann wieder auf die Suche nach François.

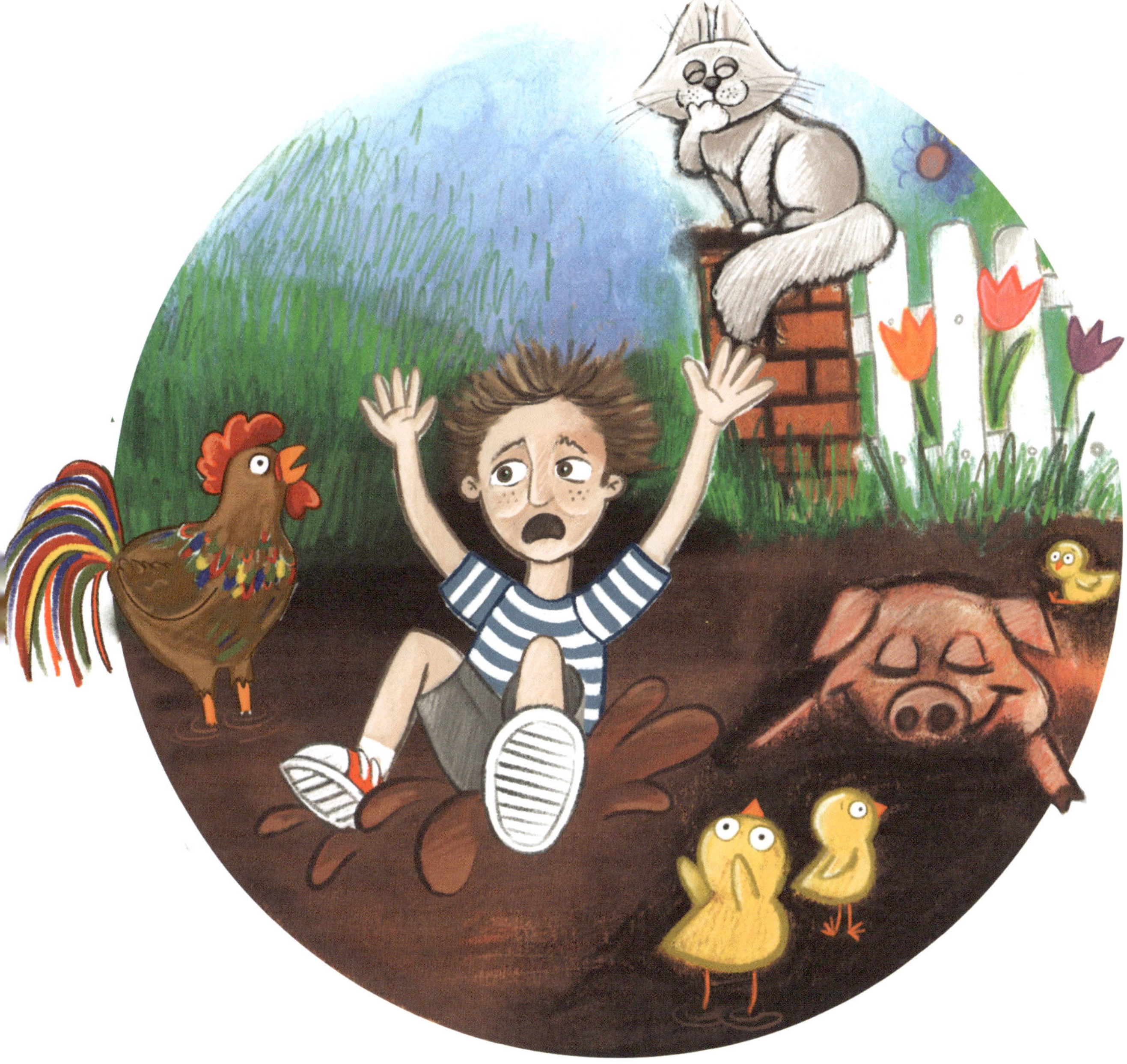

„Richtig königlich ist es hier!", gibt Noah bewundernd zu.

François zieht eine Augenbraue nach oben: „Es ist angemessen! Ich bin ein Rassekater und nicht dafür gemacht, im Dreck zu hausen, wie die anderen."

„Also bist du immer hier und nie draußen auf dem großen Hof?"

„Was soll ich denn da?", fragt der Kater irritiert.

„Na mit den anderen spielen zum Beispiel.", antwortet Noah.

„Ach so ein Quatsch, ich würde mir nur mein schönes Fell beschmutzen. Außerdem habe ich hier drinnen alles, was man für ein schönes Leben braucht und noch viel mehr!"

François macht einen großen Satz und landet sanft und völlig geräuschlos auf einem der roten Samtkissen. „Ich mache jetzt ein kleines Schönheitsschläfchen. Schau dich ruhig noch um. Niemand hat sonst die Ehre, das Haus von innen zu sehen. Genieße es!"

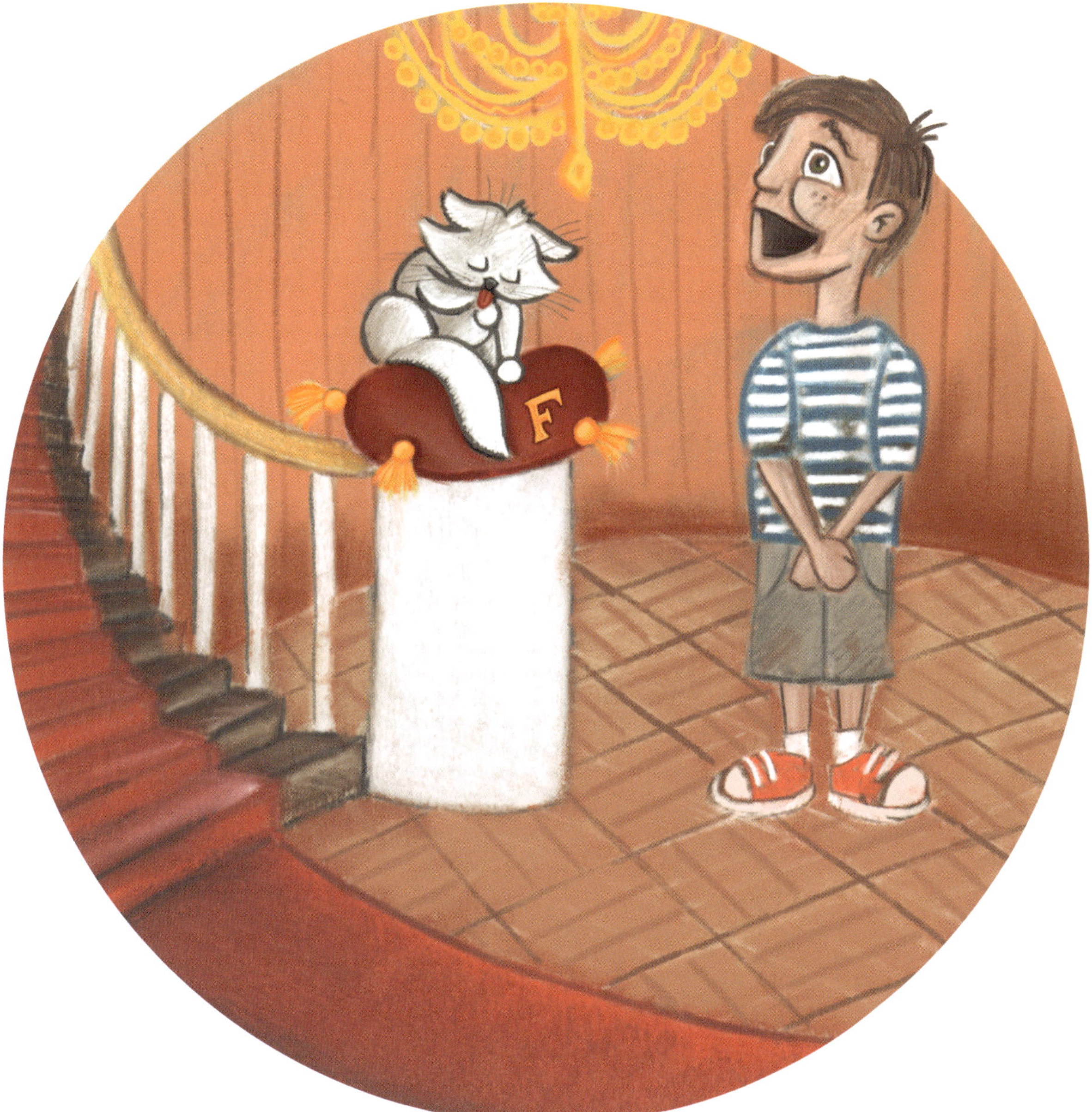
F

Noah schaut sich jeden Raum in Ruhe an.

Im Wintergarten steht eine große Glasschüssel voll mit bunten Süßigkeiten.

Zu Hause sagen Noahs Eltern immer, dass zu viele Süßigkeiten nicht gesund sind, aber hier sieht ihn ja keiner.

Er setzt sich auf einen der bequemen Liegestühle und futtert ein Bonbon nach dem anderen. Durch die großen Scheiben hat er einen guten Blick auf den Hof. Noah beobachtet das bunte Treiben vor der Scheune. Selbst der kleine Fuchs ist mittlerweile voller Schlamm und spielt mit den anderen.

Auch wenn François hier in seinem kleinen Palast alles hat, was man sich nur wünschen kann, scheinen die Tiere da draußen viel mehr Spaß zu haben. Noahs Magen grummelt.

„Vielleicht waren es jetzt doch ein paar Bonbons zu viel?" Noah verzieht sein Gesicht und stellt die Schüssel zurück auf den Tisch.

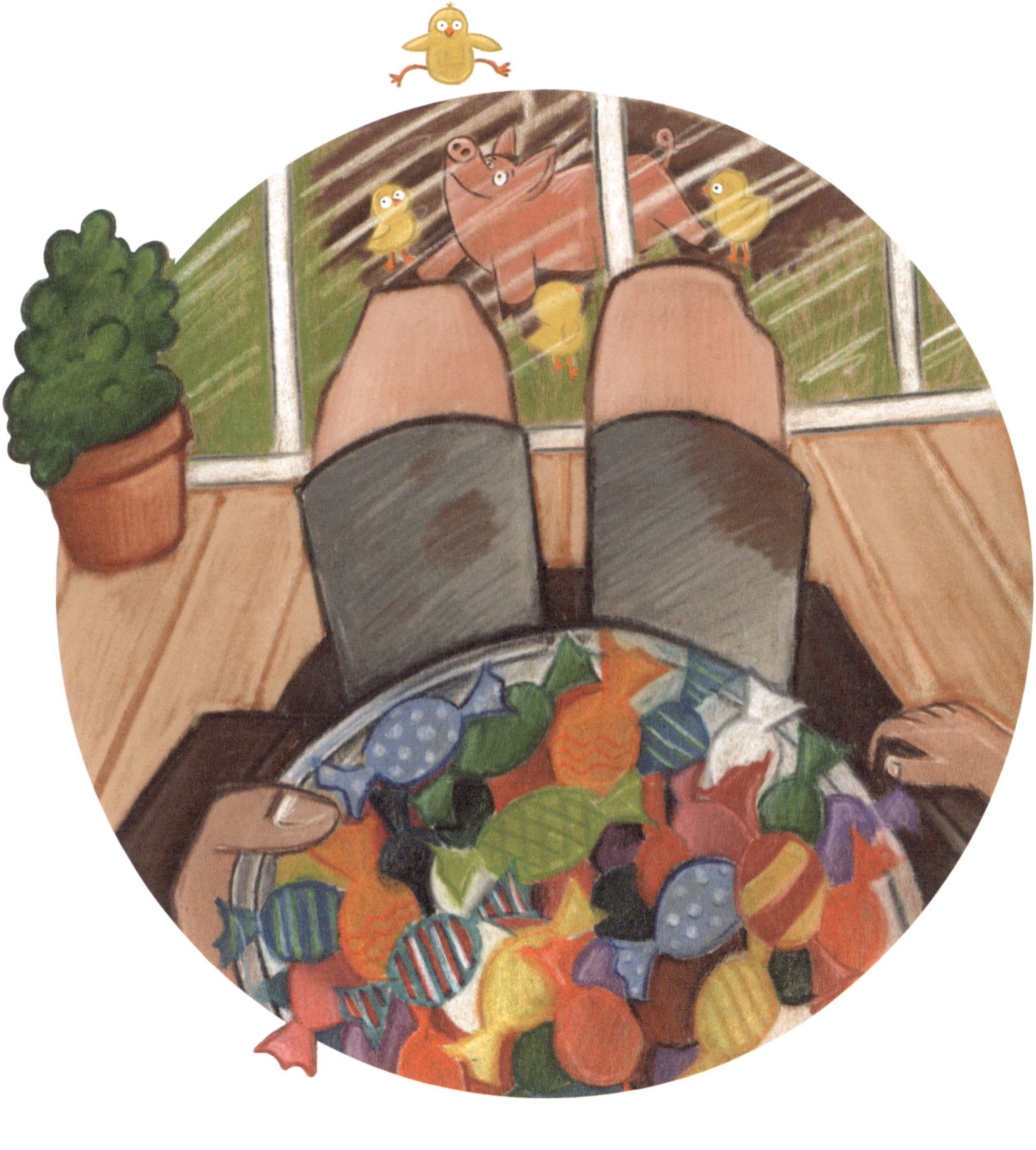

Vorsichtig schleicht er sich am schlafenden François vorbei, welcher sich kurz umdreht und dann gemütlich weiterschnarcht.

Als Noah leise die Tür hinter sich schließt und erwartungsvoll zur Scheune blickt, sind auf einmal alle Tiere verschwunden. Verwundert schaut er sich auf dem Hof um. Da sieht er eines der kleinen Ferkel durch die Scheunentür huschen. Als er durch den Türspalt hinein in die Scheune schaut, sieht er, dass sich alle Tiere um einen alten Esel versammelt haben. Der kleine Fuchs hat Noah entdeckt und winkt ihn zu sich heran.

„Komm her, hier ist noch Platz für dich.", flüstert der kleine Fuchs.

Noah setzt sich neben ihn.

„Was macht ihr denn alle hier?", fragt er neugierig. „Jeden Abend, wenn es für die Tierkinder Zeit ist zu schlafen, kommt der alte Esel Gustavo und erzählt eines seiner wunderbaren Gute-Nacht-Märchen.

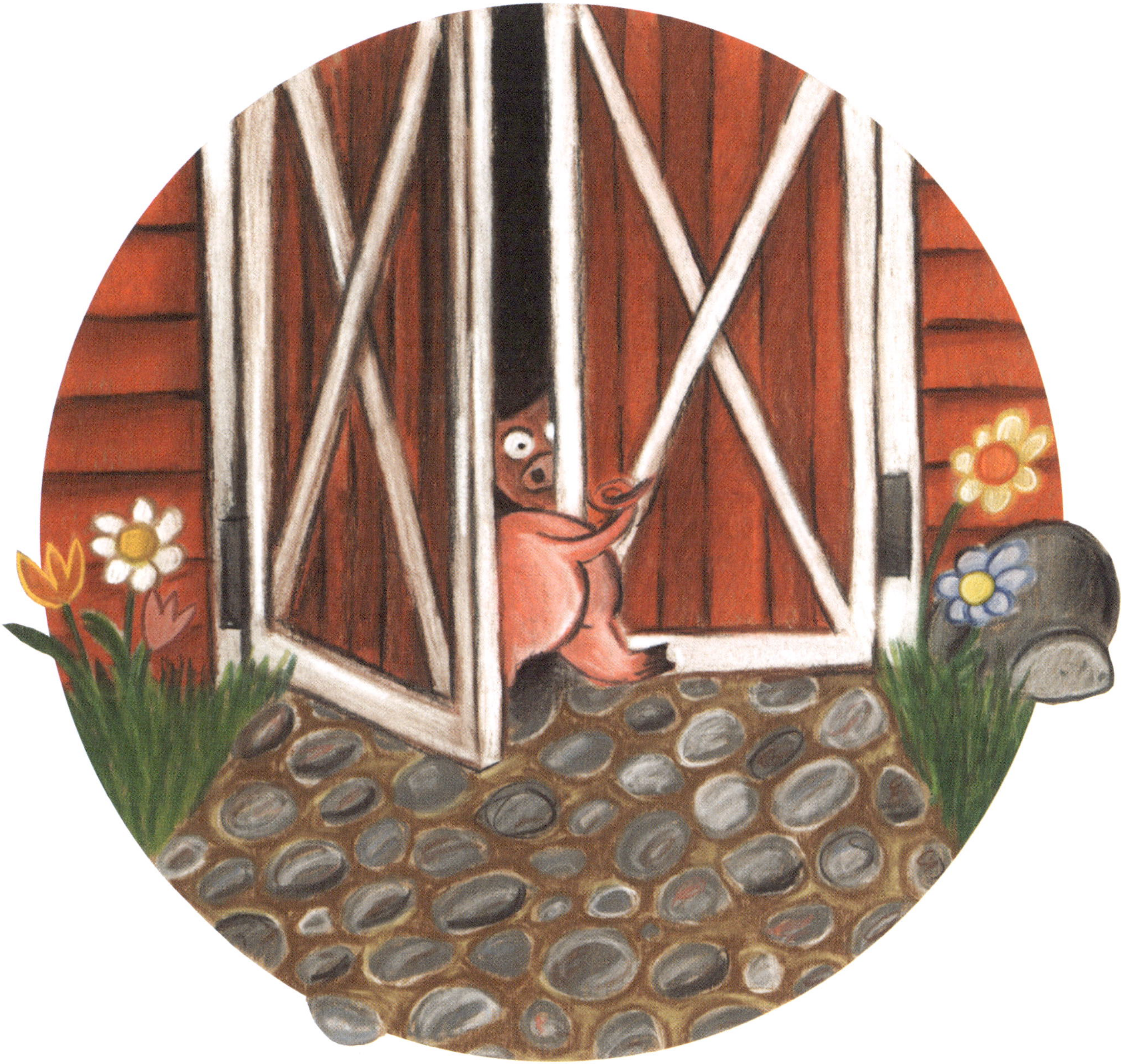

Seine Geschichten sind so schön, dass mittlerweile einfach alle Tiere hier zusammenkommen, um Gustavo zu lauschen." „Alle Tiere außer François.", fügt Noah nachdenklich hinzu.

„Ja, leider. Wir haben ihn schon oft eingeladen, aber er ist sich wohl zu schade, um hier mit uns in der alten Scheune zu sitzen. Lieber spielt er allein mit seinem goldenen Spielzeug. Er weiß gar nicht, was ihm entgeht!"
Noah beobachtet die Runde. Alle schauen erwartungsvoll in die Mitte der Scheune, wo Gustavo auf einer großen Wolldecke liegt und nun mit tiefer Stimme zu erzählen beginnt.

Die fünf kleinen Ferkel liegen an ihre Mama gekuschelt im Stroh und grunzen ab und an zufrieden. Noah fällt eines der Küken auf, welches müde vom vielen Spielen schon eingeschlafen ist. Daneben kämpft ein anderes Küken noch mit seinen schweren Augenlidern.

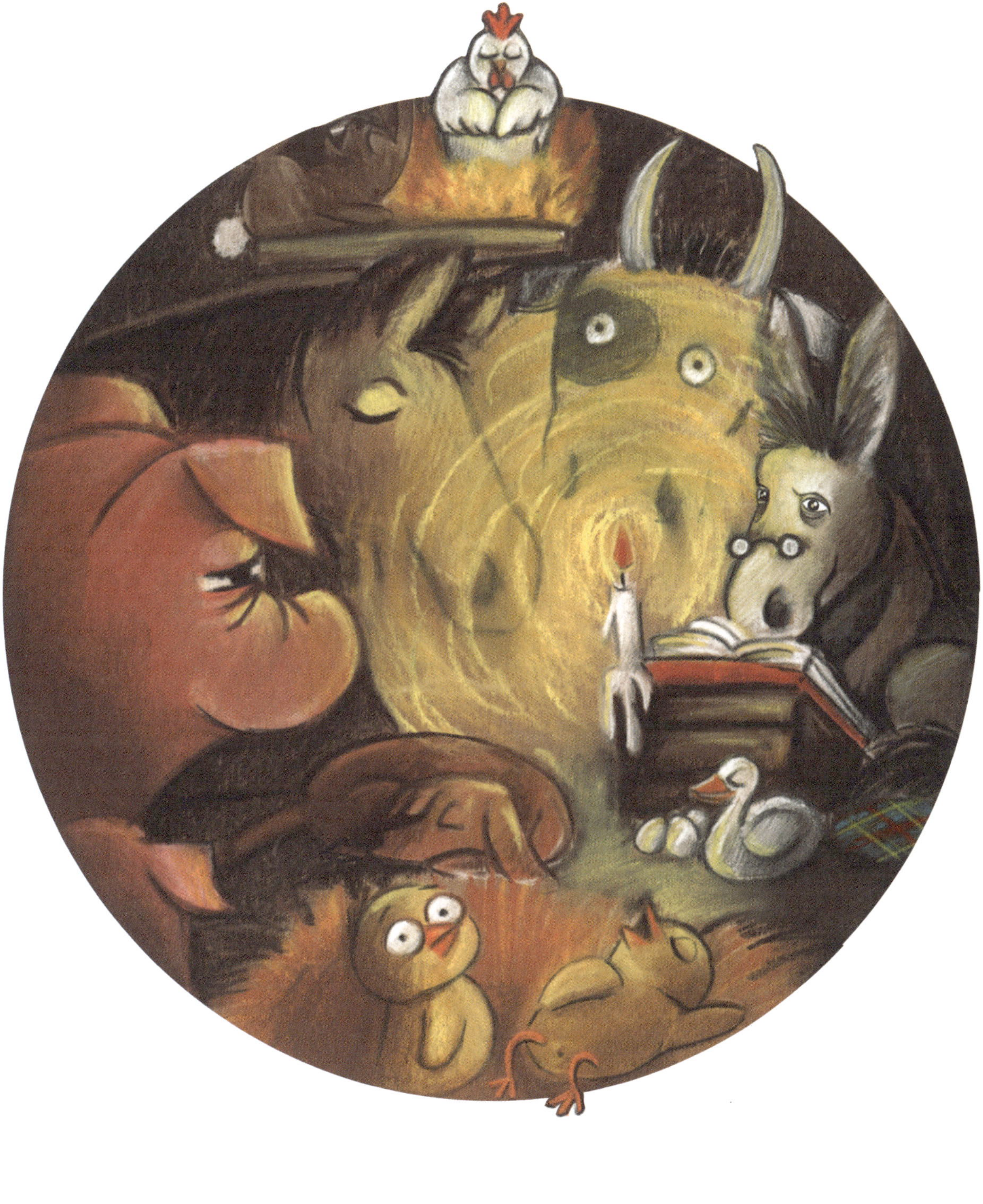

Auf keinen Fall will es Gustavos Geschichte verpassen. Noah lächelt.
Es ist nur eine alte Scheune, aber so voller Gemütlichkeit und Wärme, dass er wirklich froh ist, die Bonbon-Schüssel dafür eingetauscht zu haben.

Mit einem warmen und zufriedenen Gefühl wacht Noah in seinem Bett auf. Für einen Moment muss er überlegen, wo er ist, erkennt sein Zimmer aber dann doch schnell wieder.
Langsam schleicht er sich in die Küche und schaut vorsichtig nach seinen Eltern. Als er Papa hinter der Tür entdeckt, schaut er verlegen auf den Boden. „Bist du noch böse, Papa?", Noah wackelt nervös mit dem Fuß hin und her.
„Na komm mal her, mein Großer!", Papa breitet seine Arme ganz weit aus.
Noah hüpft erleichtert auf seinen Schoß.

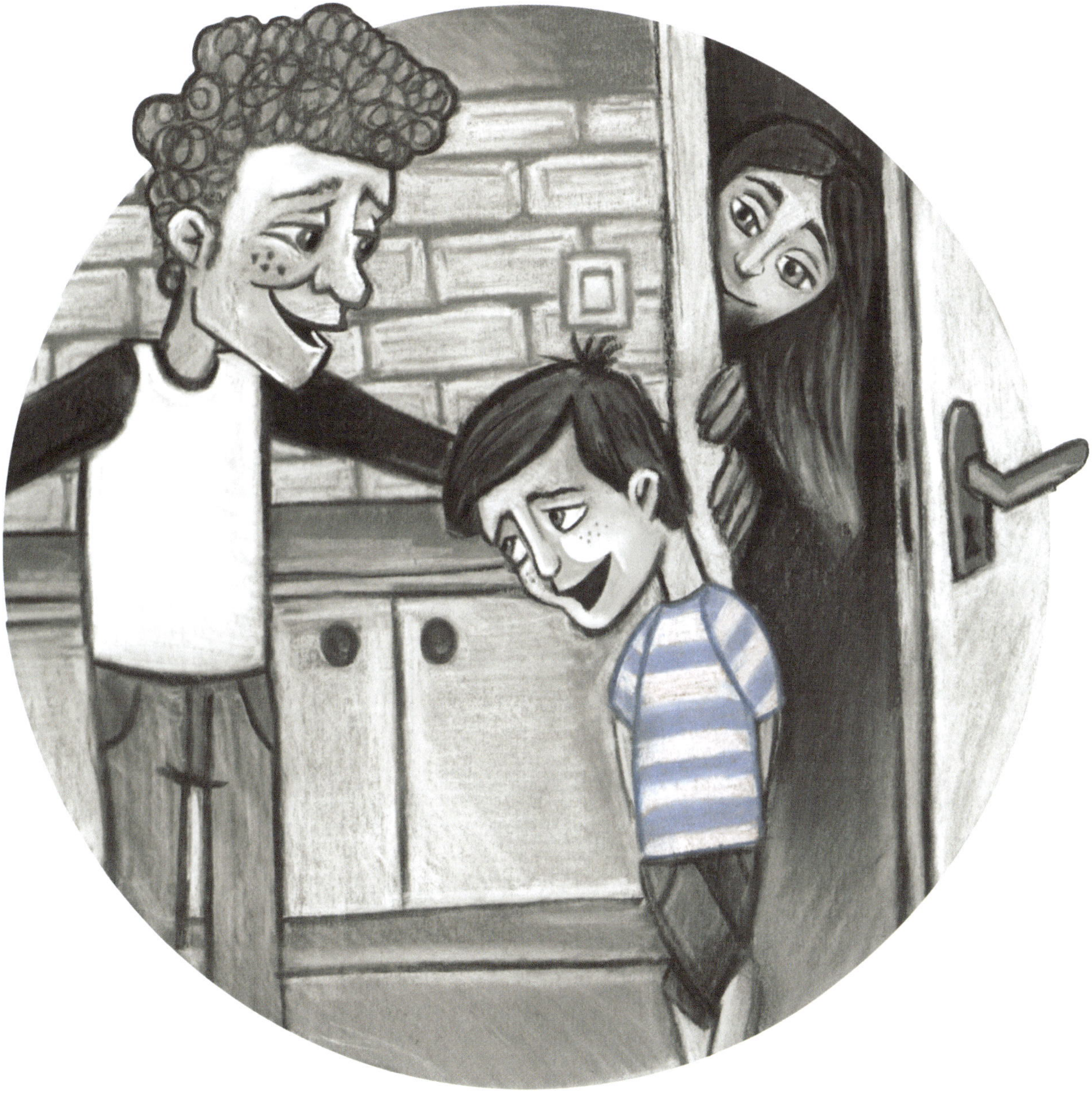

„So ein eigenes Baumhaus wäre ja schon toll, da könnten wir uns abends Geschichten erzählen!", Noah lächelt seinen Vater verschmitzt an und freut sich umso mehr, als er ein dickes Grinsen von ihm zurückbekommt.

„Na dann mal los! Lass uns frühstücken und dann geht's raus in den Garten!" Das gesamte Wochenende hämmern und sägen die beiden an ihrem kleinen Holzhaus. Das Wetter könnte nicht besser sein. Die Sonne lacht und zur Abkühlung weht zwischendurch eine kühle Brise.

Mama versorgt ihre zwei Bauarbeiter regelmäßig mit Proviant und frischer Zitronen-Minz-Limonade. Den Rest der Zeit liegt sie entspannt in der Hängematte, macht heimlich Fotos von den Fortschritten auf der Baustelle und hat auch sonst viel Spaß dabei, die beiden zu beobachten.

Am späten Sonntagabend, als gerade die Sonne untergegangen ist, zupft es auf einmal an Mamas Kleid. „Wir sind fertig!"

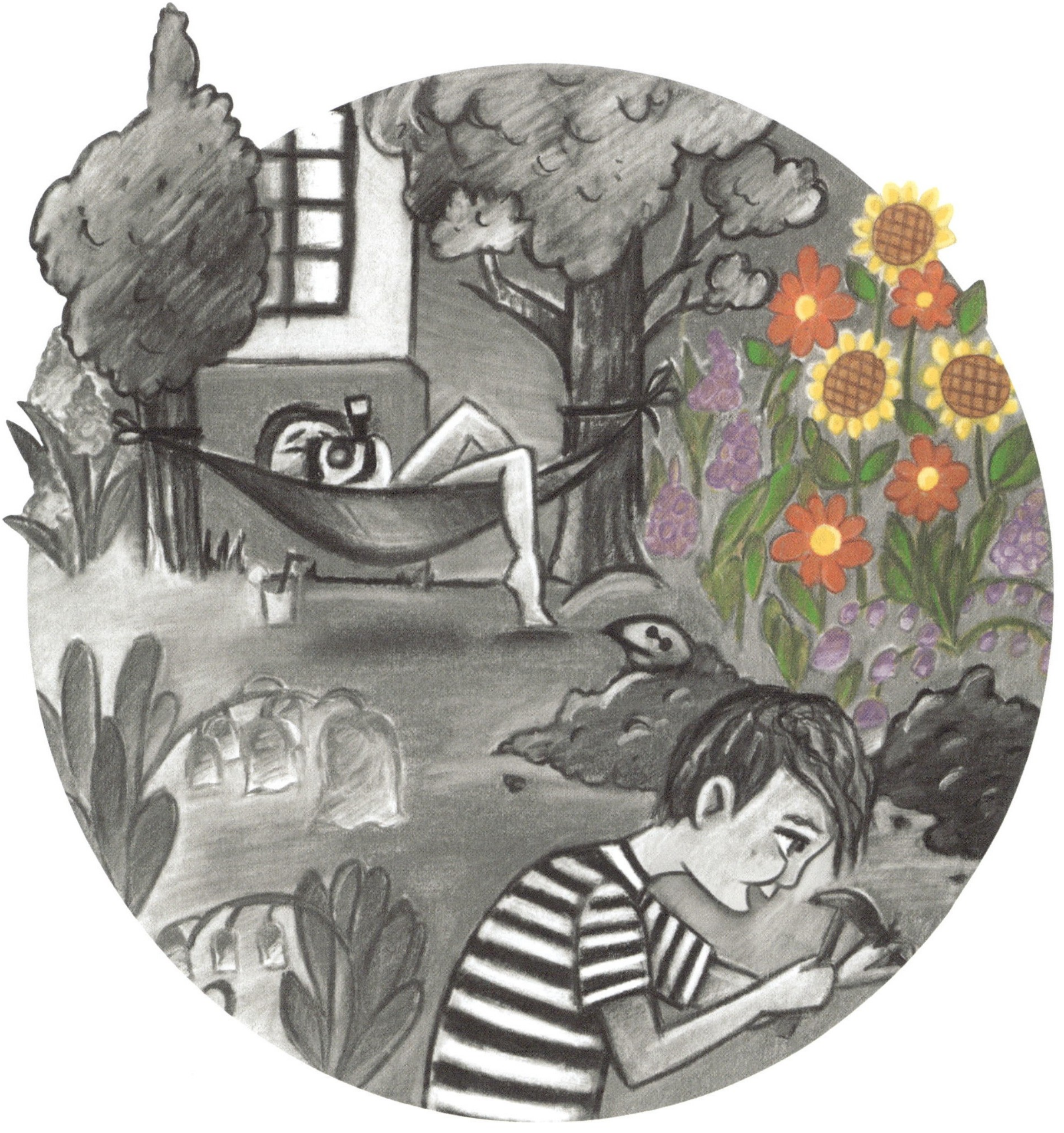

Noah lächelt seine Mama total erschöpft, aber überglücklich an. Vorsichtig klettert sie die mit einer bunten Lichterkette dekorierte Leiter des Baumhauses nach oben. „Unglaublich!", staunt Mama und kann nicht fassen, was die beiden zusammen geschafft haben. Ein wunderschönes Holzhäuschen mit einem kleinen Dachfenster, durch das man schon die ersten Sterne sehen kann.

„Ich bin mächtig stolz auf euch!", Mama nimmt ihre beiden Männer fest in die Arme. Auf dem Boden liegt eine weiche Matratze und auf ihr viele kleine Kissen. Alle drei kuscheln sich zusammen und beobachten den traumhaften Sternenhimmel. „Na Noah, viel besser als irgendein Computerspiel, oder?", Papa zwinkert ihm zu. „Viel besser als alles!", antwortet Noah strahlend. Und wie er da so zwischen seinen stolzen Eltern liegt, wird ihm klar, dass er seine Familie und die gemeinsame Zeit gegen kein Geschenk der Welt eintauschen würde.

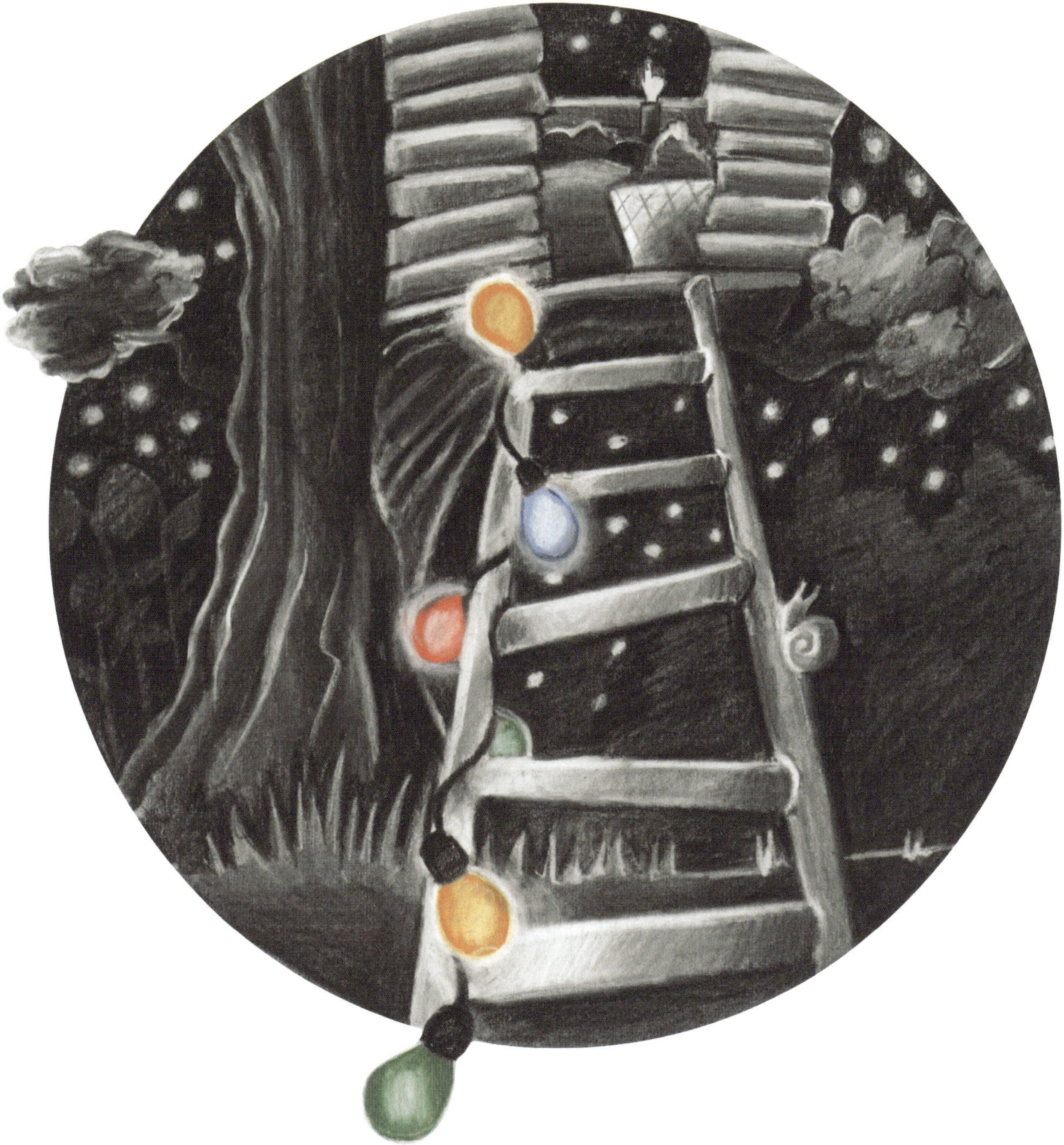

Impressum

1. Auflage 2018

Mutmacher Verlag
www.mutmacherverlag.de

HAHN Media + Druck GmbH
www.druckerei-hahn.de

Autorin Charlee Florenz
Lektorin Carolin Lück
Illustratorin Eva Marie Zerner
www.frechfisch.de

ISBN 978-3-9818844-3-2